Dedicatoria

A todos aquellos que alguna vez tuvieron problemas para aprender un idioma extranjero y a Wolfgang Karfunkel

También por Yatir Nitzany

Conversational Spanish Quick and Easy

Conversational French Quick and Easy

Conversational Italian Quick and Easy

Conversational Portuguese Quick and Easy

Conversational German Quick and Easy

Conversational Dutch Quick and Easy

Conversational Norwegian Quick and Easy

Conversational Danish Quick and Easy

Conversational Russian Quick and Easy

Conversational Ukrainian Quick and Easy

Conversational Bulgarian Quick and Easy

Conversational Polish Quick and Easy

Conversational Hebrew Quick and Easy

Conversational Yiddish Quick and Easy

Conversational Armenian Quick and Easy

Conversational Arabic Quick and Easy

INGLÉS CONVERSACIONAL RÁPIDO Y FÁCIL
La Técnica Más Innovadora Para Aprender el Inglés

Parte-I

YATIR NITZANY

Translated by:
Semadar Mercedes Friedman

Interior Design:
Menachem Otto

Copyright © 2020
Yatir Nitzany
All rights reserved.
ISBN-13: 978-1951244514
Printed in the United States of America

Prefacio

Sobre mí

Durante muchos años luché para aprender el español y todavía no sabía más que unas veinte palabras. En consecuencia, estaba extremadamente frustrado. Un día me encontré con este método mientras jugaba con combinaciones de palabras. Por casualidad, me di cuenta de que cada idioma tiene un cierto grupo central de palabras que se usan con mayor frecuencia y, simplemente aprendiéndolas, uno podría obtener la capacidad de participar en una conversación en español rápida y fácilmente.

Descubrí qué palabras eran esas y las reduje a trescientas cincuenta palabras que son las que, una vez memorizadas, se podían conectar y crear oraciones. ¡Las variaciones fueron, y son, infinitas! Al usar esta técnica increíblemente simple, podrías conversar a un nivel competente y hablar español. En una semana, sorprendí a mis amigos de habla española con mi nueva habilidad. El siguiente semestre me inscribí en mi universidad para un curso de español y apliqué los mismos principios que había aprendido en esa clase (gramática, vocabulario adicional, futuro y pasado, etc.) a esas trescientas cincuenta palabras que ya tenía. Memoricé e inmediatamente sentí como si me hubieran crecido alas y hubiese aprendido a volar.

Al final del semestre, hicimos un viaje de clase a San José, Costa Rica. Me sentí como un pez en el agua, mientras que el resto de mis compañeros de clase se tambaleaban y aún luchaban por conversar. Durante los meses siguientes, volví a aplicar el mismo principio a otros idiomas: francés, portugués, italiano y árabe, los cuales ahora hablo con habilidad, gracias a esta técnica muy simple.

Este método es, con diferencia, la forma más rápida de dominar las habilidades lingüísticas de conversación rápida y fácilmente. No hay otra técnica que se compare con mi concepto. Es efectivo, funciona para mí y funcionará para ti. Sé coherente con mi programa y tú también triunfarás como yo y muchos otros.

Tabla de Contenido

Introducción al programa..8

Introducción a la lengua inglesa...10

Memorización hecha fácil...11

Reading and Pronunciation..12

Nota al lector...13

El programa...15

Construyendo puentes..37

Requisitos gramaticales básicos del inglés...........................42

Conclusión...51

Nota del autor...52

Introduction to the Program

Las personas a menudo sueñan con aprender un idioma extranjero, pero generalmente nunca lo hacen. Algunos sienten que simplemente no podrán hacerlo, mientras que otros creen que no tienen tiempo. Cualquiera que sea tu razón, es hora de dejar eso de lado. Con mi nuevo método, tendrás suficiente tiempo y no fallarás. De hecho, aprenderás a hablar los fundamentos del idioma con fluidez en tan solo unos días. Por supuesto, al principio no hablarás un inglés perfecto, pero ciertamente obtendrás una competencia significativa. Por ejemplo, si viajas a los Estados Unidos, casi sin esfuerzo, podrás establecer una comunicación conversacional básica con los locales en tiempo presente y ya no te sentirás intimidado por el choque cultural. Es tiempo de relajarse. Aprender un idioma es una habilidad valiosa que conecta personas de múltiples culturas alrededor del mundo y ahora tienes las herramientas para unirte a ellas.

¿Cómo funciona mi método? He tomado veintisiete de los idiomas más utilizados en el mundo y les he extraído las trescientas cincuenta palabras más utilizadas en cualquier idioma. Este proceso llevó tres años de observación e investigación y, durante ese tiempo, determiné qué palabras consideraba más importantes para este método de comunicación conversacional básica. En ese tiempo, elegí estas palabras de tal manera que estuvieran interrelacionadas estructuralmente y que, cuando se combinaran, formaran oraciones. Por tanto, una vez que logres memorizar estas palabras, podrías combinarlas y formar tus propias oraciones. Las palabras se extienden por más de veinte páginas. De hecho, solo hay nueve palabras básicas que construirán puentes de manera efectiva, permitiéndole hablar de una manera comprensible (consulte 'Construyendo puentes'). Las palabras también se combinarán fácilmente en oraciones, por ejemplo, permitiéndote hacer preguntas simples, hacer declaraciones básicas y obtener una comprensión rudimentaria de las comunicaciones de los demás. También he creado técnicas fáciles de memorizar para este programa con el fin de ayudar con la memorización del vocabulario. Consulta Lectura y pronunciación para obtener competencia en la lectura y pronunciación del idioma inglés antes de comenzar este programa.

Mi libro está destinado principalmente a la comunicación oral en tiempo presente básico, lo que significa que cualquiera puede usarlo fácilmente para "sobrevivir" lingüísticamente mientras visita un país extranjero sin aprender el idioma completo. Con la práctica, serás 100% comprensible para los hablantes nativos, que es tu objetivo. Un descargo de responsabilidad: este no es un libro de gramática, aunque aborda las reglas de gramática esenciales y minuciosas (consulta los Requisitos gramaticales básicos del inglés). Por lo tanto, comprender oraciones complejas con palabras oscuras en inglés está más allá del alcance de este libro.

Las personas que han probado este método han tenido éxito y, cuando termines este libro, entenderás y serás entendido en inglés básico de conversación. Esta es la mejor base para aprender no solo el idioma inglés, sino cualquier idioma que se te antoje. Este es un concepto completamente revolucionario, sin fallas, y tu capacidad para combinar las piezas del "rompecabezas del lenguaje" vendrá con gran facilidad, especialmente si utilizas este programa antes de comenzar una clase de inglés.

Este es el mejor programa que se haya diseñado para enseñar al lector a ser conversacional. Otros programas de conversación solo te enseñarán frases. Pero este es el único programa que te enseñará cómo crear tus propias oraciones con el propósito de convertirse en una conversación.

El Idioma Inglés

Según la Statista.com del año 2019, había 2,17 mil millones de hablantes de inglés en el mundo entero, lo que convirtió el inglés en uno de los idiomas más hablados en todo el mundo.

El inglés no siempre fue el idioma omnipresente que es ahora. Aunque el inglés puede parecer un idioma joven debido a su naturaleza siempre cambiante, en realidad se originó con los invasores germánicos de Gran Bretaña en el siglo V d. C. La forma más antigua de inglés superó a los dialectos nativos derivados del celta, reemplazándolos con lo que se convertiría en inglés antiguo, luego inglés medio y finalmente inglés moderno, todo esto influenciado y agregado por los conquistadores, influyentes políticos, contribuyentes literarios y varias fuerzas sociales de su tiempo.

Por supuesto, el inglés americano suele ser lo que viene a la mente cuando se piensa en la versión moderna, pero incluso el "americanismo" debe muchos de sus orígenes a otras influencias lingüísticas como el inglés británico, el español y el francés. Así que llegar a lo que una gran parte del mundo usa para la comunicación, así como a lo que comúnmente se ve y se escucha en películas y música populares, fue un proceso largo y complicado, que condujo a un método de comunicación rico, complejo y a veces complicado.

Si quieres aprender todo el idioma inglés puede llevar años de estudio y práctica. Esta guía simplificará el proceso de familiarizarse con las necesidades básicas, lo que te dará una ventaja inicial sobre la fluidez y te ayudará con lo que, de otro modo, podría ser un proceso de aprendizaje tedioso y frustrante. Con este sistema, descubrirás que la compleja tarea de abordar el inglés se vuelve sencilla y agradable.

Memorización Hecha Fácil

No hay duda de que las trescientas cincuenta palabras en mi programa son los elementos esenciales necesarios para entablar una conversación básica, rápida y fácil en cualquier idioma extranjero. Sin embargo, algunas personas pueden experimentar dificultades en la memorización. Por esta razón, creé Memorización hecha fácil. ¡Esta técnica de memorización hará que este programa sea tan simple y divertido que sea increíble! He extendido las palabras en las siguientes veinte páginas. Cada página contiene una tabla de vocabulario de diez a quince palabras. Debajo de cada cuadro de vocabulario, las oraciones se componen de las palabras en la página que acabas de estudiar. Esto ayuda mucho en la memorización. Una vez que logres memorizar la primera página, continúa con la segunda página. Al completar la segunda página, regresa a la primera y revisa. Luego procede a la tercera página. Después de memorizar el tercero, regresa al primero y al segundo y repite. Y así, a medida que continúes, comiences a combinar palabras y crees tus propias oraciones en tu cabeza. Cada vez que continúes con la página siguiente, notarás que las palabras de las páginas anteriores también estarán presentes en esas oraciones simples, porque la repetición es uno de los aspectos más cruciales en el aprendizaje de cualquier idioma extranjero. Al completar tus veinte páginas, felicitaciones, has absorbido las palabras requeridas y has adquirido un dominio básico, rápido y fácil y ahora deberías poder crear tus propias oraciones y decir lo que desees en inglés. Este es un curso intensivo en inglés conversacional, ¡y funciona!

Nota al Lector / Lectora

El propósito de este libro es simplemente permitirte comunicarte en inglés. En el programa en sí, puedes notar que la composición de algunas de esas oraciones puede sonar bastante torpe. Esto es intencional. Estas oraciones fueron formuladas de una manera específica para cumplir dos propósitos: facilitar la memorización fácil del vocabulario y enseñarte cómo combinar las palabras para formar tus propias oraciones para una comunicación rápida y fácil, en lugar de tener un sentido literal completo en el idioma inglés. ¡Ten en cuenta que este no es un libro de frases!

Como sugiere el título, el único propósito de este programa es solo para uso conversacional. Me basé en la técnica de traducción espejo. Estas oraciones, así como las traducciones, no son incorrectas, solo un poco torpes. A menudo los idiomas latinos, los idiomas semíticos y los idiomas anglo-germánicos, así como algunos otros, son compatibles con la técnica de traducción espejo.

Muchos usuarios dicen que este método supera cualquier otra técnica conocida de aprendizaje de idiomas que se encuentra actualmente en el mercado. ¡Solo quédate con el programa y lograrás maravillas!

Para tener éxito con mi método, comience en la primera página del programa y domina completamente una página a la vez antes de pasar a la siguiente. De lo contrario, te abrumarás y fracasarás. No omitas páginas ni comiences desde la mitad del libro.

Es un mito que ciertas personas nacen con el talento para aprender un idioma y este libro refuta ese mito. Con este método, cualquier persona puede aprender un idioma extranjero siempre que siga estas instrucciones explícitas:

* Memoriza el vocabulario en cada página.

* Sigue esa memorización usando una tarjeta de notas para cubrir las palabras que acabas de memorizar y ponte a prueba.

* Luego lee las siguientes oraciones que se crean a partir del banco de vocabulario que acabas de dominar.

* Una vez que esté completamente memorizado, date luz verde para pasar a la página siguiente.

Nuevamente, si continúas con la página siguiente sin dominar la anterior, se garantiza que no obtendrás nada de este libro. Si sigues los pasos prescritos, te darás cuenta de cuán efectivo y simple es este método.

El Programa

¡Vamos a empezar! "Vocabulary" (memoriza el vocabulario)

I - Yo / **I am -** Yo Soy, estoy
Are you - Tu eres, estas
He / she - Él / Ella
With you - Contigo **/ With him -** Con él **/ with her -** Con ella
With us - Con Nosotros
For you - Para Ti
Without him - Sin él
Without them (Lo mismo para **masculino** y **femenino**) **-** Sin Ellos / Sin Ellas
This (Lo mismo para **singular** y **plural**) **-** Este, Esta, esto, estas, estos
This is - Esto es / **Is -** Es, esta
Always - Siempre
Was - Estuvo, era
Sometimes - Algunas Veces / a veces
Maybe - Tal Vez / Quizás
From - De

Oraciones del vocabulario (ahora puedes hablar con las oraciones y combinar las palabras).

Are you at the house?
¿Estas en la casa?
Sometimes I go without him.
A veces me voy sin él.
I am always with her.
Estoy siempre con ella.
I am from Spain.
Yo soy de España.
Are you from South America?
¿Eres de Sur América?
I am with you.
Estoy contigo.
Are you alone today?
¿Estás solo hoy?
This is for you.
Esto es para ti.

*¡Este no es un libro de frases! ¡El propósito de este libro es proporcionarte las herramientas para crear tus propias oraciones!

You (lo mismo para **formal** e **informal**) – Tú / usted
I was - Estuve / estaba
Good - Bueno / **Better** - Mejor
Happy - Feliz
Here - Aquí
Now - Ahora / **Later, After** - Luego / Despues / Más tarde
Tomorrow - Mañana
The (lo mismo para "**m**" y "**f**", "**p**" y "**s**") - El / La / Los / Las
Same - Mismo / Igual
It's - Es / Esta
And - y
Between - Entre
If - Si / **Yes** - Sí
Then - Entonces
Also / too / as well - También

I was home at 5pm.
Estuve en casa a las 5 p.m.
Between now and tomorrow.
Entre ahora y mañana.
It's better to be home later.
Es mejor estar en casa más tarde.
If this is good, then I am happy.
Si esto es bueno, entonces estoy feliz.
Yes, you are very good.
Sí, eres muy bueno.
I was here with them.
Yo estuve aquí con ellos.
You and I.
Tú y yo.
The same day.
El mismo día.

Me - Me, mi
Where - Dónde
Somewhere - Algun Lugar
There - Allí
Ok - Ok / bien / bueno
Even if - Aunqué
Everything - Todo
What - Qué
Almost - Casi

Even if I go now.
Aunqué si me voy ahora.
Where is everything?
¿Dónde está todo?
Maybe somewhere.
Tal vez en algún lugar.
What? I am almost there.
¿Qué? Estoy casi allí.
Where are you?
¿Dónde estás?
This is for us.
Esto es para nosotros.

Without us - Sin nosotros
Son - Hijo / **Daughter -** Hija
Car - Auto / automóvil / coche / carro
House - Casa / **Home -** Hogar
Good morning - Buenos Días
How are you? - Cómo estas?
Where are you from? - ¿De dónde eres?
What is your name? - ¿Cómo te llamas? / ¿Cuál es su nombre?
How old are you? - Cuantos años tienes?
Today - Hoy
Hello - Hola
Hard – Difícil / Duro
In - En
Already - Ya
At - En el / En la
Very - Muy

She is not in the car, so maybe she is still at the house?
Ella no está en el auto, entonces quizás ella está todavía en la casa?
I am in the car already with your son and your daughter.
Ya estoy en el auto con tu hijo y tu hija.
Good morning, how are you today?
¿Buenos días, cómo estás hoy?
Hello, what is your name?
Hola, cómo te llamas?
How old are you?
¿Cuántos años tienes?
This is very hard, but it's not impossible.
Esto es muy difícil, pero no es imposible.
Where are you from?
¿De dónde eres?

Thank you - Gracias
For – Para, por / **In order to -** Para
Day - Día / **Yesterday -** Ayer
Time - Tiempo
Since - Desde, hace / **Before -** Antes
No, not - No / **I am not -** Yo no estoy, yo no soy
That (Lo mismo para **"m"** y **"f"**) **-** Ese, Esa
It's - Es
But - Pero
Away - Lejos
Similar - Similar / mismo
Anything - Cualquier cosa
Other / Another - Otro
Side - Lado
Until - Hasta
Still - Todavia

Thank you Kenneth.
Gracias Kenneth.
It's almost time.
Es casi el tiempo.
I am not here, I am far away.
No estoy aquí, estoy distante (far)/lejos.
That house is similar to ours.
Esa es una casa similar ala nuestra.
I am from the other side.
Soy del otro lado.
But I was here until late yesterday.
Pero estuve aquí hasta tarde ayer.
Since the other day.
Desde el otro día.

To be - Estar / Ser
I say / I am saying - Yo Digo / Estoy Diciendo
To see - Ver / **I see, I am seeing -** Yo veo /estoy viendo
I want - Yo quiero / **I need -** Necesito
I go – Yo voy / **I am going -** Me voy
What time is it? - Qué Hora es?
Without you - Sin Ti
Everywhere - Todo Lugar / cada lugar / todas partes
With - Con
My (Lo mismo para **"s"** y **"p"**) **-** Mi / Mis
Cousin - Primo
Right now - En este momento / ahora
Night - Noche
Light - Luz
Outside - Afuera
That is - Eso es
Any - Cualquier

I am saying no!
Estoy diciendo no!
I say no.
Yo digo no.
I want to see this during the day.
Yo quiero ver esto durante el día.
I see this everywhere.
Veo esto en todas partes.
I am happy without any of my cousins here.
Estoy feliz sin cualquier de mis primos aquí.
I need to be there at night.
Necesito estar allí por la noche.
You have to be at home.
Tienes que estar en casa.
I see light outside.
Yo veo luz afuera.
What time is it right now?
¿Qué hora es ahora?

To wait - Esperar
To sell - Vender
To use - Usar
To know - Saber
To decide - Decidir
To find - Encontrar
To look for/to search - Buscar
To - A/ Al/ A la
Place - Lugar
Mall - Centro comercial
Easy - Fácil
Near – Cerca / Acerca
Between - Entre
Both – Ambos / Dos
That - Que

This place is easy to find.
Este lugar es muy fácil de encontrar.
I am saying to wait until tomorrow.
Yo digo hay-que esperar hasta mañana.
It's easy to sell this table.
Está fácil vender esta mesa.
I want to use this.
Quiero usar esto.
Where is the book?
¿Dónde está el libro?
I need to decide between both places.
Necesito decidir entre los dos lugares.
I need to know that everything is ok.
Necesito saber que todo está bien.
Is it possible to look for this book in the library?
¿Es posible buscar este libro en la biblioteca?
Is this place near?
¿Es este lugar cerca?

*¡Este no es un libro de frases! ¡El propósito de este libro es proporcionarte las herramientas para crear tus propias oraciones!

To look - Mirar
To buy - Comprar
To understand - Entender / Comprender
I do / I am doing - Yo hago / Estoy Haciendo
I can / Can I? - Puedo / ¿puedo?
Myself - Yo mismo
Mine - Mío
Them | They (Lo mismo para **"m"** y **"f"**) - Ellos / Ellas
Book - Libro
Food - Comida
Water - Agua
Hotel - Hotel
Problem / Problems - Problema / problemas
Enough - Bastante / Suficiente
Because - Porque
Why - Por qué
Like this - Así
Of - Del

I like this hotel because it's near the beach.
Me gusta este hotel porque está cerca de la playa.
I want to look at the view.
Quiero mirar la vista.
I want to buy a bottle of water.
Quiero comprar una botella de agua.
Do it like this!
Hazlo así!
Both of them have enough food.
Ambos tienen bastante comida.
That book is mine.
Ese libro es mio.
I have to understand the problem.
Tengo que entender el problema.
I have a view of the city from the hotel.
Yo tengo una vista de la ciudad desde mí hotel.
I can work today.
Yo puedo trabajar hoy.
I do what I want.
Hago lo que quiero.

To know - Saber
To work - Trabajar
To say - Decir
To go - Ir
I like - Me Gusta
Family / Parents - Familia / Padres
There is / There are - Hay
Who - Quien
Why – Porqué
Something - Algo
Ready - Listo
Soon - Pronto

I like to be at my house with my parents.
Me gusta estar en casa con mis padres.
Why do I need to say something important?
¿Por qué necesito decir algo importante?
I am there with him.
Estoy allí con él.
I am busy, but I have to be ready soon.
Estoy ocupado, pero tengo que estar listo pronto.
I like to work.
Me gusta trabajar.
Who is there?
¿Quien está allí?
I want to know if they are here.
Quiero saber si están aquí.
I can go outside.
Puedo ir afuera.
There are seven dolls.
Hay siete muñecas

To bring - Traer
To eat - Comer
To Drive - Manejar / conducir
With me - Conmigo
Without me - Sin mí
How much - Cuánto
Lunch - Almuerzo
Slow / slowly - Despacio
Fast / Quickly - Rápido
Inside – Adentro / dentro
Cold - Frío
Hot - Caliente
Were – Eran / estaban
When - Cuando
Only (lo mismo para **adverbio** y **adjetivo**) **-** Solamente / sólo
Instead - En vez
Or - O

How much money do I need to bring with me?
¿Cuánto dinero necesito llevar conmigo?
I like bread instead of rice.
Me gusta el pan en lugar de arroz.
Only when you can.
Solamente cuando puedas.
Go there without me.
Vete allí sin mí.
I need to drive the car very fast or very slowly.
Necesito manejar el auto muy rápido o muy lento.
Is it cold inside of the library?
Hace frío dentro de la biblioteca?
I like to eat a hot meal for my lunch.
Me gusta comer para mi almuerzo una comida caliente.

To answer - Contestar
To fly - Volar
To travel - Viajar
To learn - Aprender
To swim - Nadar
To practice - Practicar
To play - Jugar
To leave - Dejar
I go to - Yo voy a
First - Primer
Time / Times - Vez / Veces
Like (*preposition*) **-** Como
How - Cómo
Many/much/a lot - Mucho

I need to answer many questions.
Tengo que contestar muchas preguntas.
I want to fly today.
Quiero volar hoy.
I need to learn how to swim in the pool.
Necesito aprender cómo nadar en la piscina.
I want to learn how to play better tennis.
Quiero aprender a jugar mejor el tenis.
Everything is about the money.
Todo es sobre el dinero.
I want to leave my dog at home.
Quiero dejar a mi perro en casa.
I want to travel the world.
Quiero viajar por el mundo.
Since the first time.
Desde la primera vez.
The children are yours.
Los niños son tuyos.

To visit - Visitar
To meet - Conocer
To give - Dar
To walk - Caminar / Andar
Someone - Alguien
Us - Nosotros
Mom / Mother – Mamá / Madre
Nothing - Nada
Nobody - Nadie
Against - Contra
Which - Cuál
Just - Apenas
Around - Alrededor
Towards - Hacia
Than - Que

Something is better than nothing.
Algo es mejor que nada.
I am against him.
Estoy en contra él.
We go to visit my family each week.
Vamos a visitar a mi familia cada semana.
I need to give you something.
Necesito darte algo.
Do you want to meet someone?
¿Tú quieres conocer a alguien?
I am here on Wednesdays as well.
Estoy aquí los miércoles también.
You do this everyday?
Haces esto todos los días?
You need to walk around the house.
Necesitas caminar alrededor de la casa.

To show - Mostrar
To prepare - Preperar
To borrow - Emprestar
To look like - Parecer
To want - Querer
To stay - Quedar
To continue - Continuar
I have - Yo tengo
I have to - Yo tengo que
I must - Debo / yo tengo que
I am not going - No me voy
Don't / Doesn't - No
Friend - Amigo
Grandfather - Abuelo
Way - Camino / Manera
That's why - Por eso

Do you want to look like Arnold?
¿Quieres parecer a Arnold?
I want to borrow this book for my grandfather.
Yo quiero emprestar este libro para mi abuelo.
I want to drive and to continue on this way to my house.
Quiero manejar y continuar en este camino a mi casa.
I want to stay in Madrid because I have a friend there.
Quiero quedarme en Madrid porque tengo un amigo allí.
I am not going to see anyone here.
No voy a ver a nadie aquí.
I need to show you how to prepare breakfast.
Necesito mostrarte cómo preparar desayuno.
Why don't you have the book?
¿Por qué tú no tienes tu el libro?
That is incorrect, I don't need the car today.
Eso es incorrecto, no necesito el auto hoy.

To remember - Recordar
To think - Pensar
To do - Hacer
To come - Venir
To hear - Escuchar
Your (Lo mismo para **"p"** y **"s"** / **"f"** y **"i"**) – Tu, Tus, Su, Sus
Grandmother - Abuela
Dark / darkness - Oscuro / Oscuridad
Number - Número
Five - Cinco
Hour - Hora
Minute / minutes - Minuto / Minutos
A second - Un segundo
Moment - Momento
Last (Lo mismo para **m** y **f**) **-** último /última
More - Mas
About - Sobre

You need to remember your phone number.
Necesitas recordar tu número de teléfono.
This is the last hour of darkness.
Ésta es la última hora de oscuridad.
I want to come with you.
Quiero venir contigo.
I can hear my grandmother speaking English.
Puedo escuchar a mi abuela hablando inglés.
I need to think about this more.
Necesito pensar más en esto.
From here until there, it's just five minutes.
De aquí hasta allá, son solo cinco minutos.

El Programa

To leave - Salir
To turn off - Apagar
To ask - Pedir
To sleep - Dormir
To stop - Parar / Detener
To take - Coger / Tomar
To try - Tratar
To rent - Alquilar
Without her - Sin ella
We are - Estamos / Somos
Spanish - Español / **English** - Inglés
America - America / **United States** - Estados Unidos
Airport - Aeropuerto
Permission - Permiso
Again - Otra vez / de nuevo

He must go and rent a house at the beach.
Él tiene que ir alquilar una casa en la playa.
I want to take the test without her.
Quiero tomar la prueba sin ella.
We are here for a long time.
Estamos aquí por mucho tiempo.
I need to turn off the lights early tonight.
Necesito apagar las luces temprano esta noche.
We want to stop here.
Queremos detenernos aquí.
We are from America.
Somos de america.
Your doctor is in the same building.
Tu doctor está en el mismo edificio.
In order to leave you have to ask permission.
Para salir tienes que pedir permiso.
I want to go to sleep.
Quiero ir a dormir.
Where is the airport?
¿Donde esta el aeropuerto?

*A diferencia del español, en inglés no hay géneros femenino ni masculino para los adjetivos. Por ejemplo, la palabra "crudo" / "cruda". "El pescado está **crudo**" y "la carne está **cruda**", pero en inglés *the fish is **raw*** / *the meat is **raw***. "La casa es **nueva**" / "El coche es **nuevo**", pero en inglés: *the house is **new*** / *the car is **new***.

To open - Abrir
To buy - Comprar
To pay - Pagar
To clean - Limpiar
To return - Regresar, volver / entregar
To hope - Esperar
To live - Vivir
Our - Nuestro
Without - Sin
Sister - Hermana
Nice to meet you - Es mi gusto cononcerte
Name - Nombre
Last name - Apellido
Enough - Bastante
Door - Puerta
On - Encima de/ sobre

I need to open the door for my sister.
Necesito abrir la puerta para mi hermana.
I need to buy something.
Necesito comprar algo.
I want to meet your brothers.
Quiero conocer a tus hermanos.
Nice to meet you, what is your first name and your last name?
Es mi gusto conocerte, cuál es tu nombre y tu apellido?
We can hope for a better future.
Podemos esperar un futuro mejor.
It is impossible to live without problems.
Vivir sin problemas es imposible.
I want to return to the United States.
Quiero volver a los Estados Unidos.
Why are you sad right now?
¿Por qué estás triste en este momento?
Our house is on the mountain.
Nuestra casa esta encima de las montaña.

*Con el conocimiento que has adquirido hasta ahora, ¡ahora intenta crear tus propias oraciones!

To happen - Occurrir
To order - Ordenar, pedir
To drink - Beber
To begin / To start – Comenzar / Empezar
To finish - Terminar
To help - Ayudar
To smoke - Fumar
To love - Amar
To talk / to speak - Hablar
Child (Lo mismo para **"m"** y **"f"**) **-** Niño / Niña
Woman - Mujer
Excuse me - Permiso / Disculpa

This needs to happen today.
Esto tiene que ocurrir hoy.
Excuse me, my child is here as well.
Desculpe, mi niño está aquí también.
I want to order a soup.
Quiero pedir una sopa.
We want to start the class soon.
Nosotros queremos comenzar la clase pronto.
In order to finish at three o'clock this afternoon, I need to finish soon.
Para terminar a las tres de la tarde, tengo que terminar pronto.
I want to learn how to speak perfect English.
Quiero aprender como hablar inglés perfecto.
I don't want to smoke again
Yo no quiero fumar otra vez.
I want to help.
Quiero ayudar.
I love you.
Te amo.
I see you.
Te veo.
I need you.
Te necesito.

To read - Leer
To write - Escribir
To teach - Enseñar
To close - Cerrar
To turn on - Encender
To prefer - Preferir
To choose - Escoger / elegir
To put - Poner
I talk / I speak - Yo Hablo
Sun - Sol
Month - Mes
Exact (Lo mismo para **"m"** y **"f"**) - Exacto / Exacta
Less - Menos

I need this book to learn how to read and write in English.
Necesito este libro para aprender a leer y escribir en inglés.
I want to teach English in Mexico.
Quiero enseñar inglés en Mexico.
I want to turn on the lights and close the door.
Quiero encender las luces y cerrar la puerta.
I want to pay less than you.
Quiero pagar menos que tú.
I prefer to put this here.
Prefiero poner esto aqui.
I speak with the boy and the girl in English.
Hablo con el niño y la niña en inglés.
There is sun outside today.
Hay sol afuera hoy.
Is it possible to know the exact date?
¿Es posible saber la fecha exacta?

*En inglés, los adjetivos preceden al sustantivo, pero en español, generalmente es lo contrario. "Casa grande" es *big house*, "auto nuevo" es *new car* y "fecha exacta" es *exact date*.

To exchange - Intercambiar
To call - Llamar
To sit - Sentar
Together - Juntos
To change - Cambiar
To follow - Seguir
Him / Her - Lo / La
Brother - Hermano
Dad - Papá
Sky - Cielo
Big - Grande
Years - Años
Up - Arriba
Down / below / under - Abajo, debajo
Of course - Por supesto
Sorry - Perdon
Welcome - Bienvenido
During - Durante
New - Nuevo
Never - Jamás / Nunca

I am never able to to exchange this money at the bank.
Nunca puedo intercambiar este dinero en el banco.
I want to call my brother and my dad today.
Quiero llamar a mi hermano y a mi papa hoy.
Of course I can come to the theater, and I want to sit together with you and with your family.
Por supuesto que puedo ir al teatro y quiero sentarme contigo y con tu familia.
If you look under the table, you can see the new rug.
Si miras debajo de la mesa, puedes ver la nueva alfombra.
I can see the sky from the window.
Puedo ver el cielo desde la ventana.
I am sorry.
Lo siento.
The dog wants to follow me to the store.
El perro quiere seguirme a la tienda.

*¡Este no es un libro de frases! ¡El propósito de este libro es proporcionarte las herramientas para crear tus propias oraciones

To allow - Permitir
To believe - Creer
To promise - Prometer
To move - Mover / mudar
To enter - Entrar
To receive - Recibir
To recognize - Conocer / reconocer
Morning - Mañana
Good afternoon - Buenas tardes
Good night - Buenas noches
People - Gente
Man - Hombre
Free - Gratis
Far - Distante
Different - Differente
Throughout - En todo
Through - A travéz
Except - Excepto

I need to allow him to go with us.
Necesito permitirle ir con nosotros.
He is a different man now.
Él es un hombre diferente ahora.
I believe everything except this.
Yo creo todo excepto esto.
Come here quickly.
Ven aquí rapido.
I must promise to say good night to my parents each night
Tengo que prometer decir buenas noches a mis padres cada noche.
I can't recognize him.
No puedo reconocerlo.
I need to move your cat to a different chair.
Necesito mover tu gato a una silla diferente.
They want to enter the competition and receive a free book.
Quieren entrar en la competición y recibir un libro gratis.
I see the sun throughout the morning from the kitchen.
Veo el sol por la mañana de la cocina.
I go into the house from the front entrance and not through the yard.
Entro a la casa de la entrada principal y no por el jardin.

El Programa

To wish - Desear
To get - Conseguir / **To forget** - Olvidar
To feel - Sentir / **To like** - Gustar
Everybody - Todos
Person - Persona
Restaurant - Restaurante
Bathroom - Cuarto de baño
Goodbye - Adiós
See you soon - Hasta luego
Next – Proximo / Acerca, cerca
In front - Adelante, Enfrente / **Behind** – Atras / detrás
Bad - Mal
Although - Aunque
Great - Gran
Well - Bien

I don't want to wish you anything bad.
No quiero desearte nada mal.
I must forget everybody from my past.
Debo olvidar a todos de mi pasado.
I am next to the person behind you.
Estoy próximo a la persona detrás de ti.
To feel well I must take vitamins.
Para sentirme bien debo tomar vitaminas.
There is a great person in front of me.
Hay una gran persona adelante de mí.
Goodbye my friend.
Adios mi amigo.
Which is the best restaurant in the area?
¿Cuál es el mejor restaurante de la zona?
I can feel the heat.
Puedo sentir el calor.
I need to repair a part of the cabinet in the bathroom.
Necesito reparar una parte del gabinete en el baño.
She must get a car before the next year.
Ella tiene que conseguir un coche antes del próximo año.
I like the house, but it is very small.
Me gusta esta casa, pero es muy pequeña.

To remove - Sacar
To hold - Mantener /Sostener
To check - Revisar
To lift - Levantar
Include / Including - Incluir /Incluyendo
Belong - Pertencer
Wood - Madera / leña
Week - Semana
Beautiful - Lindo /Bello /Hermoso
Please - Por favor
Price - Precio
Small - Pequeño
Real - Verdad
Size - Tamaño
Even though - Aunque
It (Lo mismo para **"m"** y **"f"**) - Lo / La
So - Entonces / Tan/ tanto

She wants to remove this door please.
Ella quiere sacar esta puerta por favor.
This doesn't belong here, I need to check again.
Esto no pertenece aquí, necesito revisar lo otra vez.
This week the weather was very beautiful.
Esta semana, el clima estaba muy hermoso.
Is that a real diamond?
¿Es eso un verdadero diamante?
We need to check the size of the house.
Necesitamos revisar el tamaño de la casa.
I want to lift this.
Quiero levantar esto.
Can you please put the wood in the fire?
¿Puedes por favor poner la leña al fuego?
The sun is high in the sky.
El sol está alto en el cielo.
I can pay this although the price is expensive.
Puedo pagar esto aunque el precio es caro.
Including everything is this price correct?
¿Incluyendo todo, este precio es correcto?

Construyendo Puentes

En Construyendo Puentes, tomamos seis verbos conjugados que se seleccionaron después de los estudios que realicé durante varios meses para determinar qué verbos se conjugan más comúnmente y cuáles son seguidos automáticamente por un verbo en infinitivo. Por ejemplo, una vez que sepas cómo decir "Necesito", "Quiero", "Puedo" y "Me gusta", podrás conectar palabras y decir casi cualquier cosa que desees de manera más correcta y comprensible. Las siguientes tres páginas contienen estos seis verbos conjugados en primera, segunda, tercera, cuarta y quinta persona, así como algunas oraciones de muestra. Domina todo el programa hasta aquí antes de aventurarte en esta sección.

I want - Quiero
I need - Necesito
I must - Debo
I have to - Tengo que
I have - Tengo
I can - Puedo
I like - Me gusta
I go - Yo voy / Me voy

I want to go to my house.
Yo quiero ir a mi casa.
I can go with you to the bus station.
Puedo ir contigo a la estación de autobuses.
I need to walk outside the museum.
Necesito caminar fuera del museo.
I like to eat oranges.
Me gusta comer naranjas.
I am going to teach a class.
Yo voy a enseñar una clase.

¡Domine cada página hasta aquí antes de intentar las siguientes dos páginas!

You want / do you want? - Quieres / ¿Quieres?
He wants / does he want? - Quiere / ¿Quiere?
She wants / does she want? - Quiere / ¿Quiere?
We want / do we want? - Queremos / ¿Queremos?
They want / do they want? - Quieren / ¿Quieren?
You want? - Quieren / ¿Quieren?

You need / do you need? - Necesitas / ¿Necesitas?
He needs / does he need? - Necesita / ¿Necesita?
She needs / does she need? - Necesita / ¿Necesita?
We want / do we want? - Necesitamos / ¿Necesitamos?
They need / do they need? - Necesitan / ¿Necesitan?
You need? - Necesitan / ¿Necesitan?

You can / can you? - Puedes / ¿Puedes?
He can / can he? - Puede / ¿Puede?
She can / can she? - Puede / ¿Puede?
We can / can we? - Podemos / ¿Podemos?
They can / can they? - Pueden / ¿Pueden?
You can? - Pueden / ¿Pueden?

You like / do you like? - Te gusta / ¿Te gusta?
He likes / does he like? - Le gusta / ¿Le gusta?
She like / does she like? - Le gusta / ¿Le gusta?
We like / do we like? - Nos gusta / ¿Nos gusta?
They like / do they like? - Les gusta / ¿Les gusta?
You like? - Les gusta / ¿Les gusta?

You go / do you go? - Vas / ¿Vas?
He goes / does he go? - Va / ¿Va?
She goes / does she go? - Va / ¿Va?
We go / do we go? - Vamos / ¿Vamos?
They go / do they go? - Van / ¿Van?
You go? - Van / ¿Van?

You have / do you have? - Tienes / ¿Tienes?
He has / does he have? - Tiene / ¿Tiene?
She has / does she have? - Tiene / ¿Tiene?
We have / do we have? - Tenemos / ¿Tenemos?
They have / do they have? - Tienen / ¿Tienen?
You have? - Tienen / ¿Tienen?

Do you want to go?
¿Quieres ir?

Does he want to fly?
¿Él quiere volar?

We want to swim.
Queremos nadar

Do they want to run?
Quieren correr

Do you need to clean?
¿Necesitas limpiar?

She needs to sing a song
Necesita cantar una canción

We need to travel
Necesitamos viajar

They don't need to fight
No necesitan luchar

You need to save your money.
Necesitan ahorrar su dinero.

Can you hear me?
¿Puedes escucharme?

He can dance very well.
Puede bailar muy bien.

We can go out tonight.
Podemos salir esta noche.

The fireman can break the door during an emergency.
Los bomberos pueden romper la puerta durante una emergencia.

Do you like to eat here?
¿Te gusta comer aquí? / Le gusta a usted comer aquí?

He likes to spend time here.
Él gusta pasar tiempo aquí.

We like to stay in the house.
Nos gusta quedarnos en casa.

They like to cook.
Les gustan cocinar.

You like to play soccer.
Les gustan jugar fútbol.

Do you go to the movies on weekends?
¿Vas al cine en los fines de semana?

He goes fishing.
Él va a pescar.

We are going to relax.
Vamos a relajarnos.

They go out to eat at a restaurant everyday.
Todos los días salen a comer a un restaurante.

Do you have money?
¿Tienes dinero?

She has to look outside.
Ella tiene que mirar afuera.

We have to sign our names.
Tenemos que firmar nuestros nombres.

They have to send the letter.
Tienen que enviar la carta.

You have to wait in line.
Ustedes tienen que esperar en la línea.

Si le gustó este libro, consulte "Parte 2", que está disponible para la venta en todas las principales plataformas minoristas de libros en línea.

Requisitos gramaticales básicos de inglés

El artículo definido en inglés únicamente es *the* en todos los géneros.
- La casa - **The** house
- El coche - **The** car
- Los niños - **The** boys
- Las niñas - **The** girls

El artículo indefinido es *a*.
- Una mujer - **A** woman
- Un hombre - **A** man

Para los artículos "esta", "este", "estos", "estas" usamos simplemente *this* y el plural *these*. Respecto a "ese", "esa", "esos", "esas", "eso", "aquel" usamos simplemente *that* y el plural *those*.
- Este libro - **This** book
- Esta casa - **This** house
- Estos libros - **These** books
- Estas casas - **These** houses
- Ese libro - **That** book
- Esa silla - **That** chair
- Esos libros - **Those** books
- Esas sillas - **Those** chairs

El artículo *aquel* y *aquella* no existen en inglés, se puede decir "that one over there".

En inglés las formas masculinas y femeninas para pronombres tampoco existen. Por ejemplo, para "ellos" y "ellas" usamos *they*
- **Ellas** son niñas - **They** are girls
- **Ellos** son niños - **They** are boys

En inglés con respecto a los pronombres "ellos" y "ellas" usamos *they* para un pronombre sujeto, pero usamos *them* para un pronombre objeto.
- **Ellos/ellas** quieren - **They** want

Para representar "nosotros" y "nosotras" usamos *we*.
- **Nosotros** tenemos frío / **nosotras** tenemos frío - **We** feel cold

Los adjetivos en español también tienen formas masculinas y femeninas. Sin embargo, en inglés, no hay formas femeninas ni masculinas con respecto a los adjetivos.
- Él chico está cansado - The boy is **tired**
- La niña está cansada - The girl is **tired**
- Él tiene frío - He is **cold**

- Ella tiene frío - She is **cold**

Lo mismo se aplica a los adverbios.
He is a good a boy - Él es un buen muchacho
She is a good a girl - Ella es una buena muchacha

Temporal y permanente

En el idioma inglés no hay formas temporales y permanentes para representar "es" y "está" simplemente usamos *is*.

- Ella **es** una niña - She **is** a girl
- La chica **está** muy bien hoy - The girl **is** doing very well today

Tampoco hay formas temporales y permanentes para representar los verbos "ser" y "estar". Usamos *to be* para representar ambas formas.

Para representar "estoy" y "soy" usamos *I am*:
- **Soy** italiano - **I am** Italian
- **Estoy** en el centro comercial - **I am** at the mall

Para representar "estás" y "eres" usamos *you are* y para una pregunta *are you*:
- ¿Cómo **estás** hoy? - How **are you** today?
- **Estás** aquí - **You are** here
- ¿Tú **eres** Mexicano? - **Are you** Mexican?
- **Eres** una mujer - **You are** a woman

Para representar "somos" y "estamos" usamos *we are*:
- **Somos** mexicanos - **We are** Mexican
- **Estamos** en el parque - **We are** at the park

Para representar "son" y "están" usamos *they are*:
- Ellos **son** chilenos - **They are** Chileans
- Ellos **están** en el coche - **They are** in the car

Singlular y Plural

En español con respecto al posesivo "mi", hay dos formas, una para el singular y otra para el plural: "mi" y "mis". Sin embargo, en inglés solo hay *my* para representar ambas formas:

Mi silla - My chair
Mis sillas - My chairs

Con respecto a los posesivos "tu" y "tus", nosotros simplemente utilizamos *your*.

Tu coche - **Your** car
Tus coches - **Your** cars simplemente usamos *yours*.

Con respecto a los posesivos "tuyo", "tuya", "tuyos", "tuyas" utilizamos *yours*.

El libro es **tuyo** - The book is **yours**
La casa es **tuya** - The house is **yours**
Los libros son **tuyos** - The books are **yours**
Los coches son **tuyos** - The cars are **yours**

Con respecto a los posesivos "su"y "sus" utilizamos *his / her*.

Su libro - **Her** book
Sus casas - **Her** houses
Su coche - **His** car
Sus casas - **His** houses

Con respecto "suyo", "suya", "suyas", "suyos" usamos his / hers.

This is **hers** – Esta es **suya**
This is **his** – Este es **suyo**
These skirts are **hers** - Esas faldas son **suyas**
These dogs are **his** - Esos perros son **suyos**

Con respecto a los posesivos "nuestro", "nuestros" "nuestra", "nuestras" simplemente utilizamos *our*.

Nuestro coche - **Our** car
Nuestros coches - **Our** cars
Nuestra casa - **Our** house
Nuestras casas - **Our** houses

Conjugación de verbo

En el idioma español, el pronombre en primera persona generalmente no requiere de un verbo antes. Sin embargo, en inglés sí que se requiere, porque los verbos ingleses no se conjugan a menos que estén precedidos por un pronombre.

- Necesit**o** saber la fecha - **I** need to know the date
- Quer**emos** ir a la feria - **We** want to go to the fair
- Ellos pued**en** cantar una canción - **They** can sing a song

En inglés, para interrogar se utiliza el verbo *do*.

- ¿Teng**o** que saber la fecha? - **Do I** need to know the date?
- ¿Quier**es** hablar conmigo? - **Do you** want to speak with me?
- ¿Necesita él esto? - **Does he** need this?

Sinónimos y antónimos

En inglés, simplemente cuando se pregunta el tiempo "¿qué hora es?" *what time is it?*
Vez/ veces—"first **time**" / *primera vez* or "three **times**" / *tres veces*
Tiempo—"during the **time** of the dinosaurs" / *durante el tiempo de los dinosaurios*

Basic Grammatical Requirements of the Spanish Language

Si y *Sí*
Si (sin acento) significa "if"
Sí (con acento) significa "yes"

En español "que" tiene algunas definiciones.
Sin embargo, en inglés usamos "what" "than" "that" para demonstrar "que".
"**What**"—*¿Qué es esto?* / "**What** is this?"
"**Than**"— *Yo soy mejor que tu* / "I am better **than** you"
"**That**"—"I want to say **that** I am near the house" / *Yo quiero decir que estoy cerca de la casa.*
En inglés "tener que" se dice *to have to* " Sin embargo, siguiendo el verbo "have to" simplemente usamos "to" seguido por el verbo infinitivo.
"I must" / "I have **to go**"—Tengo **que** irme.
"I have **to swim** now" —Tengo **que** nadar ahora.

En español hay dos formas de describir *so*, "tan" y "entonces"
"**So**"—entonces. "**So** I need to know" - **Entonces** necesito saber
"**So**"—tan. "This is **so** far" - Eso está **tan** lejos

Tú, Te, Ti, Tu, y Tuyo
*En inglés para decir "tú", "te" y "ti" usamos *you*.

Tú es un pronombre sujeto (segunda persona del singular), que se refiere al individuo que está haciendo la acción.
You and I - **Tú** y yo
You are here - **Tú** estás aquí
I want to give **you** - Quiero dar**te**

"Te" es un pronombre de objeto directo e indirecto, la persona que realmente se ve afectada por la acción que se está llevando a cabo. Pero "te" precede al verbo conjugado, sin embargo, en inglés siempre procede ese verbo conjugado y en infinitivo.
I send **you** - Yo **te** mando
I permit **you** - Yo **te** permito

"Ti" es un pronombre de preposición, lo que significa que va con una preposición
This is for **you** - Esto es para **ti**
I am going to **you** - Yo voy a **ti**
Incluso "contigo"- with **you**.

Tu es *your* y, en plural, es *your* también.
    Tu coche - **Your** car
    Tus coches - **Your** cars

Con respecto al pronombre "tuyo", "tuya", "tuyos", "tuyas" utilizamos *yours*.
    El libro es **tuyo -** The book is **yours**
    La casa es **tuya -** The house is **yours**

Ir a + infinitivo y yo voy

En español, el verbo "ir" también procede de "a", por ejemplo "vete **a** jugar" "tienes que ir **a** comer". Sin embargo, en inglés todos los verbos infinitivos siempre están precedidos por *to* / "a".

Dorm**ir - To** sleep
Com**er - To** eat
Habl**ar - To** talk
Voy a v**er** - I am going **to** see
Necesitamos busc**ar** - We need **to** search
Quieren vivi**r -** They want **to** live

Sin embargo, si el verbo infinitivo está precedido por *can* / "puedo", entonces no se requiere *to*.

Puedo dec**ir** - I can say
Pueden ir - They can go

Usando Lo y La

En español "lo" y "la", y en plural "los" y "las", se usan como pronombres masculinos, femeninos y neutros directos, que significan "él", "ella" o "ello". Sin embargo, en inglés simplemente usamos el mismo pronombre.

En caso de que el verbo esté conjugado, "lo" y "la" preceden al verbo conjugado. Sin embargo, en inglés se procede al verbo independientemente de si el verbo está conjugado o en forma infinitiva.

* "I don't want **him** to know" - No quiero que **lo** sepa
* "I don't need **her**" - No **la** necesito
* "I want **it**" - **Lo** quiero
* "I bought **it**" - **Lo** compré
* "I want to buy **it**." - Quiero comprar**lo**.
* "I want to find **it**." - Quiero encontrar**lo**.
* "I want to see **her**." - Quiero ver**la**.
* "I don't want to know **him**." - No quiero conocer**lo**.
* "I don't want to give **her**." - No quiero dar**la**.

Forma Reflexiva

En la lengua española, usamos "me", "te" y "se" en relación con la forma reflexiva de un verbo, que será anterior o posterior a ese verbo, y lo estableceremos como prefijo o sufijo. Sin embargo, en inglés simplemente usamos "myself" "yourself" "himself" "herself" "themselves".

Por ejemplo, el verbo: "to wash" - *lavar*.

Yo

"I wash myself" - *me lavo*,

Tu

"you wash yourself" - *te lavas*,

él, ella, usted

"he washed himself" - *se lava*.

Nosotros

"we wash ourselves" - *Nos lavamos*

Vosotros

"You wash yourself" - *Os laváis*

En la forma infinitiva:

"I want to wash myself" - *quiero lavarme*,

"you want to wash yourself" - *quieres lavarte*,

"he wants to wash himself" - *quiere lavarse*.

.

Otras Herramientas Útiles en Inglés.

Days of the Week - Días de la semana
Sunday - Domingo
Monday - Lunes
Tuesday - Martes
Wednesday - Miércoles
Thursday - Jueves
Friday - Viernes
Saturday - Sábado

Seasons - Estaciones
Spring - Primavera / **Summer -** Verano
Autumn - Otoño / **Winter -** Invierno

Colors - Colores
Black - Negro
White - Blanco
Gray - Gris
Red - Rojo
Blue - Azul
Yellow - Amarillo
Green - Verde
Orange - Naranja
Purple - Purpura
Brown - Marrón

Numbers - Números
One - Uno
Two - Dos
Three - Tres
Four - Cuatro
Five - Cinco
Six - Seis
Seven - Siete
Eight - Ocho
Nine - Nueve
Ten - Diez

Cardinal Directions - Direcciones cardinales
North - Norte / **South -** Sur
East - Este / **West -** Oeste

¡Felicidades! ¡Ahora Estás Solo!

Si simplemente absorbes las trescientas cincuenta palabras requeridas en este libro, ¡entonces habrás adquirido la base para hacer posible una conversación en inglés! ¡Después de memorizar estas trescientas cincuenta palabras, esta base fundamental de conversación que acabas de adquirir activará tu capacidad de mejorar la fluidez de la conversación a una velocidad increíble! Sin embargo, para establecer una comunicación conversacional rápida y fácil, necesitas un tipo especial de conceptos básicos y este libro te proporcionará precisamente eso.

A diferencia de los sistemas de aprendizaje de idiomas extranjeros que se usan actualmente en las escuelas y universidades, junto con los libros y programas disponibles en el mercado hoy en día, que se enfocan en todo menos en ser conversacional. El único enfoque de este método es ser conversacional en inglés y en cualquier otro idioma. Una vez que hayas dominado con éxito las palabras requeridas en este libro, hay dos técnicas que, si se combinan con estas palabras esenciales, pueden mejorar aún más tus habilidades y resultarán en que mejores tu competencia hasta el mayor punto. Sin embargo, estas dos técnicas solo tendrán éxito si has absorbido completa y exitosamente las trescientas cincuenta palabras. Después de establecer las bases para una comunicación fluida al memorizar estas palabras, puedes mejorar aún más tus habilidades de conversación si utilizas las dos técnicas siguientes.

El primer paso es asistir a una clase de inglés que te permitirá mejorar su gramática. Obtendrás vocabulario adicional y aprenderás los tiempos pasado, futuro, y presente. Y, si aplicas estas habilidades que aprendes en la clase, junto con las trescientas cincuenta palabras que has memorizado previamente, mejorarás diez veces tus habilidades de conversación. Notarás que, conversacionalmente, tendrás éxito a un ritmo mucho más alto que cualquiera de tus compañeros de clase. Una segunda técnica simple es elegir subtítulos en inglés mientras ves una película. Si has dominado y comprendido con éxito estas trescientas cincuenta palabras, entonces la combinación de las dos, esas palabras junto con los subtítulos, te ayudará considerablemente a poner toda la gramática en perspectiva y, nuevamente, conversacionalmente, mejorarás diez veces.

Una vez que hayas establecido una base de conversación rápida y fácil en inglés con las palabras que acabas de obtener, cada palabra adicional o regla gramatical que elijas a partir de ese momento será fácil. Y estas palabras adicionales o reglas gramaticales se pueden combinar con las trescientas cincuenta palabras, enriqueciendo aún más tus habilidades de conversación. Básicamente, después de la investigación y los estudios que he llevado a cabo con mi método a lo largo de los años, llegarás a la conclusión de que, para poder conversar, primero debes aprender las palabras y luego la gramática.

El idioma inglés a menudo es compatible con la técnica de traducción espejo. Del mismo modo, con esta lengua, puedes usar esta técnica de traducción espejo para convertirlo en una conversación, lo que te permite comunicarte aún más fácilmente. La traducción espejo es el método de traducir una frase u oración, palabra por palabra, del inglés al español, usando estas palabras imperativas que has adquirido a través de este programa (como las oraciones que utilicé en este libro). Los idiomas latinos, los idiomas del Medio Oriente y los idiomas eslavos, junto con algunos otros, también son compatibles con la técnica de traducción espejo. Aunque no hablarás un inglés perfecto y preciso, seguirás siendo completamente entendido y, en lo que respecta a la conversación, podrás vivir bien.

Conclusión

¡Felicidades! Has completado todas las herramientas necesarias para dominar el idioma inglés y espero que esta haya sido una experiencia de aprendizaje valiosa. Ahora tienes suficientes habilidades de comunicación para tener la confianza suficiente como para embarcarse en una visita a un condado de habla inglesa, impresionar a tus amigos y añadirlo a tu currículum, así que, ¡buena suerte!

Este programa también está disponible en otros idiomas y espero fervientemente que mis programas de aprendizaje de idiomas se utilicen para siempre, permitiendo que personas de todos los rincones del mundo y de todas las culturas y religiones puedan comunicarse de manera armoniosa. Después de memorizar las trescientas cincuenta palabras requeridas, realiza un ejercicio diario de cinco minutos creando oraciones en tu cabeza con estas palabras. Este simple ejercicio te ayudará a comprender las comunicaciones conversacionales de manera aún más efectiva. Además, una vez que memorices el vocabulario en cada página, sigue usando una tarjeta de notas para cubrir las palabras que acabas de memorizar y examínate a ti mismo y sigue eso, volviendo y usando esta misma técnica de tarjeta de notas en las páginas que estudiaste durante los días anteriores. Esta técnica de repetición te ayudará a dominar estas palabras para proporcionarte las herramientas para crear tus propias oraciones.

Todos los días, usa esta técnica (escribir las nuevas palabras en la tarjeta de notas y memorizarlas).

Todo en la vida tiene un inconveniente. El inconveniente aquí es solo la consistencia. Si solo abres el libro y, después de las primeras páginas de estudio del programa, lo dejas, no ganarás nada. Sin embargo, si dedicas constantemente media hora diaria al estudio, además de revisar lo que has aprendido de los días anteriores, te darás cuenta rápidamente de por qué este método es la técnica más efectiva que se haya creado para conversar en un idioma extranjero. ¡Mi técnica funciona! Para cualquiera que dude de esta técnica, todo lo que puedo decir es que ha funcionado para mí y para cientos de personas.

NOTE FROM THE AUTHOR

Gracias por tu interés en mi trabajo. Te animo a que compartas tu experiencia general de este libro publicando una reseña. ¡Tu opinión puede marcar la diferencia! No dudes en describir cómo te beneficiaste de mi método o en proporcionar comentarios creativos sobre cómo puedo mejorar este programa. Estoy constantemente buscando formas de mejorar la calidad de este producto, basado en testimonios personales y sugerencias de personas como tú.

Gracias y mucha suerte.

Yatir Nitzany